كيفَ أرسمُ الحيواناتِ

دار جامعة حمد بن خليفة للنشر
HAMAD BIN KHALIFA UNIVERSITY PRESS

الكلب

الخطوة 1 2 3 4

يُعتبر الكلبُ من أفضل الحيوانات الأليفة لأنه ذكي ووفي وجدير بالثقة.

1 ارسم دائرة صغيرة، وحولها دائرة كبيرة للوجه. وارسم دوائر للحوافر، ثم ارسم خطوطًا لها، ودائرة أخرى للجزء السفلي من الجسم والذيل.

2 ارسم الذيل والأذنين. وارسم دائرة للجزء العلوي من الجسم. ثم ارسم الأنف والفم.

3 ارسم عينيه وأنفه ولسانه ووجهه، ثم ارسم القوائم والحوافر والجسم.
ثم امحُ الخطوط غير الضرورية (المحدَّدة باللون الأحمر).

4 ظلِّل حدقتي العينين، وارسم خطوط المخالب والحاجبين.

الآن، لوِّن ما رسمته بعناية.

القِطَّة

الخطوة ❶ ❷ ❸ ❹

القِطَّة حيوان صغير، وتعشق شُرب الحليب.

❶ ارسم دائرة صغيرة، وحوِّلها دائرة كبيرة. ثم ارسم مستطيلًا صغيرًا وشكلًا بيضويًا وتحتها دوائر صغيرة. ثم ارسم خطوط الجسم والذيل.

❷ ارسم الأذنين والوجه والذيل. وثم ارسم الفم والأنف والقوائم والجسم.

3 ارسم الجزء الداخلي للأذنين، والعينين، والفم. ارسم القوائم والحوافر. ثم امحُ الخطوط غير الضرورية (المحدَّدة باللون الأحمر).

4 ارسم العينين والأسنان والحاجبين. ثم ارسم خطوط الفراء والشارب.

الدولفين

الخطوة ① ② ③ ④

الدولفين من الثدييات مثل الإنسان. وهو من أذكى الكائنات البحرية.

① ارسم دوائر الوجه. ثم ارسم دائرة وشكلًا بيضويًا للفم. ثم ارسم خطوط الجسم والذيل والزعنفة.

② ارسم الذيل والجسم والزعانف والفم.

3 ارسم الوجه والعين والحاجب واللسان والفم.
ثم امحُ الخطوط غير الضرورية (المحدَّدة باللون الأحمر).

4 ظلِّل حدقة العين.

الفيل

الخطوة 1 2 3 4

يتميَّز الفيل بذاكرته القوية وذكائه الفائق، وأيضًا بخرطومه الطويل وذيله القصير.

1 ارسم دائرة يتداخل معها شكل بيضوي، وارسم خطًا في نهايته دائرة للوجه والخرطوم. وارسم دائرة أخرى للجسم، ومزيدًا من الدوائر بخطوط للأطراف.

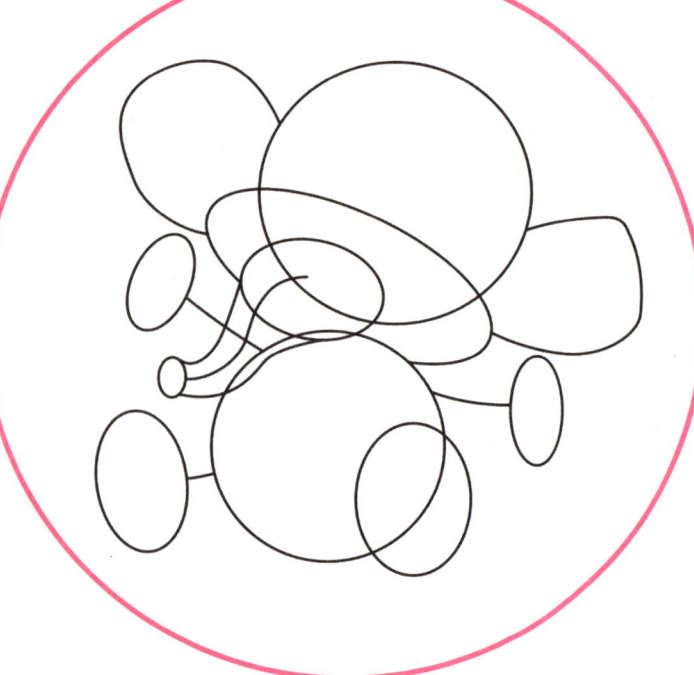

2 استخدم الدوائر والخطوط لرسم الوجه والخرطوم والأذنين.

3 ارسم العينين والجزء الداخلي من الأذنين. وارسم الذراعين والساقين. ثم امحُ الخطوط غير الضرورية (المحدَّدة باللون الأحمر).

4 ظلِّل حدقتي العينين. وارسم الحاجبين والفم. وأضف تفاصيل الخرطوم والأطراف.

الآن، لوّن ما رسمته بعناية.

السنجاب

الخطوة ❶ ❷ ❸ ❹

للسنجاب عينان كبيرتان وذيل كثيف وطويل. يُخفي البندق والبذور ليأكلها لاحقًا.

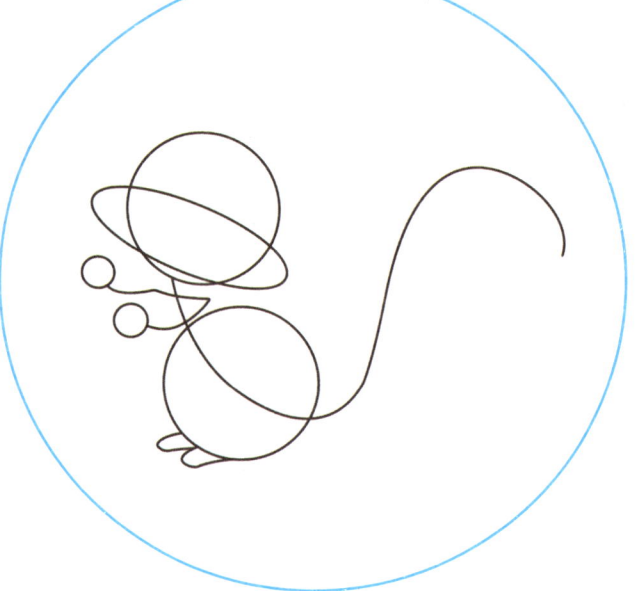

❶ ارسم دائرتين للوجه والجزء السفلي من الجسم. وارسم خطوط الجزء العلوي من الجسم والذيل. ثم ارسم أشكالًا بيضوية للوركين، ودوائر تخرج منها خطوط للذراعين.

❷ ارسم الأنف والذراعين والجسم والذيل.

3. ارسم العينين واليدين والفم والأذنين والأنف. ثم امحُ الخطوط غير الضرورية (المحدَّدة باللون الأحمر).

4. ظلِّل حدقتي العينين، وارسم الجزء الداخلي للأذنين. ثم ارسم الحاجبين والأسنان والقدمين.

الآن، لوّن ما رسمته بعناية.

الأرنب

الخطوة ① ② ③ ④

الأرنب حيوان لطيف، له فراء ناعم. يتغذَّى على الخضار.

① ارسم دوائر للوجه والجزء السفلي من الجسم واليدين وشكلين بيضويين للقدمين. ثم ارسم خطوط الذراعين والرقبة والجزء العلوي من الجسم.

② ارسم الأذنين والأنف والفم والجسم والذيل والأطراف.

12

❸ ارسم العينين والأسنان والذيل والأطراف.
ثم امحُ الخطوط غير الضرورية (المحدَّدة باللون الأحمر).

❹ ظلِّل حدقتي العينين، وارسم الحاجبين وخطوط الوجه. ثم ارسم اللسان وخطوط الجسم.

الآن، لوّن ما رسمته بعناية.

القرد

يُعرف القرد بأنه يحبُّ تقليد الإنسان، وأكل الموز.

الخطوة 1 2 3 4

1. ارسم دائرتين للوجه. ثم ارسم دوائر وخطوطًا للأطراف والجسم والذيل.

2. ارسم الأذنين والعينين والشعر والجسم والأطراف والذيل.

3. ظلِّل حدقتي العينين، وارسم الأذن وفتحتي الأنف. وارسم الأسنان واللسان. ثم ارسم الأصابع وخطوط الأطراف. ثم امحُ الخطوط غير الضرورية (المحدَّدة باللون الأحمر).

4. ارسم الحاجبين، وأضف خطوط الوجه والجسم.

الآن، لوّن ما رسمته بعناية.

الفأر

الخطوة 1 2 3 4

الفأر يحبُّ الجُبن. كما يحظى ببطولة الكثير من القصص.

1 ارسم دوائر للرأس والجزء السفلي من الجسم واليدين، وشكلين بيضويين للرجلين. وارسم خطوط الذراعين والرقبة والجزء العلوي من الجسم والساقين.

2 ارسم مزيدًا من الدوائر للوجه والأذنين والجزء العلوي من الجسم، بالإضافة إلى خطٍّ للذيل.

3. ارسم الوجه والعينين والفم والأنف والأسنان. وارسم الأطراف والجسم والأذنين. ثم امحُ الخطوط غير الضرورية (المحدَّدة باللون الأحمر).

4. ظلِّل حدقتي العينين، وارسم تفاصيل الجزء الداخلي للأذنين. وارسم الحاجبين والذيل.

الآن، لوّن ما رسمته بعناية.

الدُّبُّ

الدُّبُّ حيوان كبير وقويٌّ، وينام طوال شهور الشتاء تقريبًا.

1 ارسم دائرة للوجه وشكلًا بيضويًا للجسم. وارسم شكلين بيضويين أسفل الجسم، ودائرتين لليدين، وخطَّين يصلانهما بالجسم.

2 ارسم العينين والأنف. وارسم دوائر صغيرة للوجه والأذنين والذيل، ومستطيلين بزوايا دائرية للقائمتين.

3 ارسم الحاجبين والذراعين والقدمين والساقين والذيل، وارسم الجزء الداخلي للأذنين. ثم امحُ الخطوط غير الضرورية (المحدَّدة باللون الأحمر).

4 ظلِّل حدقتي العينين، وارسم خطوط الجسم والقدمين.

الآن، لوّن ما رسمته بعناية.

الباندا

الخطوة ① ② ③ ④

يتميَّز الباندا بدائرتين سوداوين حول عينيه. وهو ماهر في التسلُّق.

① ارسم دائرتين كبيرتين للرأس والجسم. وارسم دوائر أصغر للأطراف.

② ارسم مزيدًا من الأشكال للعينين والوجه والأذنين والأطراف والذيل.

3 ارسم العينين والفم والأنف والجسم والأطراف. ثم امحُ الخطوط غير الضرورية (المحدَّدة باللون الأحمر).

4 ظلِّل حدقتي العينين، وارسم الأذنين.

الخروف

الخطوة 1 2 3 4

يتميَّز الخروف بصوفه الوفير. ويُعرف صغيره باسم الحَمَل.

1 ارسم دائرتين للشعر والوجه. وارسم شكلًا بيضويًا للجسم. ثم ارسم 5 دوائر صغيرة للحوافر والذيل. وارسم بعدها خطوطًا للرقبة والقوائم.

2 ارسم الحوافر والأذن والعينين.

3 ارسم الفم والأنف والشعر والذيل والرقبة والجسم. ثم امحُ الخطوط غير الضرورية (المحدَّدة باللون الأحمر).

4 ظلِّل حدقتي العينين. وارسم الحاجبين وخطوط القوائم والجسم.

الآن، لوّن ما رسمته بعناية.

الزرافة

الخطوة ① ② ③ ④

تُعتبر الزرافة أطول حيوان في العالم. كما يمكنها أن تنام وهي واقفة.

① ارسم دائرة للرأس، ومربَّعًا بزوايا دائرية للفم. وارسم دائرة واحدة كبيرة للجسم و4 دوائر صغيرة للقوائم. وارسم خطوطًا للقرون والرقبة والذيل والأطراف.

② ارسم خطوط القرون والأذنين والرقبة والأنف والعينين والوجه والجسم والقوائم.

3 ارسم الأجزاء الداخلية من العينين والأذنين. وارسم الذيل والفم. ثم امحُ الخطوط غير الضرورية (المحدَّدة باللون الأحمر).

4 ارسم الحاجبين وبقعًا مختلفة الأحجام على الرقبة والجسم، بالإضافة إلى خطوط قصيرة على القوائم.

الآن، لوّن ما رسمته بعناية.

النمر

النمر هو أكبر أعضاء عائلة القطط، وأثقلها وزنًا.

الخطوة 1 2 3 4

1. ارسم دائرة للوجه ودائرتين صغيرتين للأذنين، ودائرتين واحدة إلى جوار الأخرى للجسم. وارسم خطوطًا للقوائم والذيل و4 دوائر صغيرة للحوافر.

2. ارسم دوائر صغيرة للأذنين والعينين، وشكلًا بيضويًا للأنف والفم. وارسم الذيل والجسم والقوائم والحوافر.

3 ارسم الفم والأنف والوجه.
ثم امحُ الخطوط غير الضرورية
(المحدَّدة باللون الأحمر).

4 ارسم خطوط الفراء والحاجبين،
وظلِّل حدقتي العينين. وضع
نقطتين للأنف وخطوطًا للحوافر.

الأسد

يعيش الأسد في جماعات من 10 إلى 15 أسدًا، تُسمى "الزُّمر". ويُعرف صغيره باسم "الشبل".

1 ارسم دائرة، وشكلًا بيضويًا داخلها للرأس. وارسم دوائر صغيرة للحوافر وشكلًا بيضويًا للقائمة الخلفية. ثم ارسم خطوطًا للقائمتين الأماميتين والجسم والذيل.

2 ارسم الأذنين، ومزيدًا من التفاصيل للوجه والشعر. ثم ارسم القوائم والحوافر والجسم. وارسم دائرة صغيرة للذيل.

3. ارسم العينين والحاجبين والأنف وتفاصيل الوجه والفم. وارسم الذيل وخطوط القوائم. ثم امحُ الخطوط غير الضرورية (المحدَّدة باللون الأحمر).

4. أضف خطوطًا للأذنين. وارسم اللسان، وظلِّل حدقتي العينين.

الآن، لوّن ما رسمته بعناية.

الماعز

الخطوة 1 2 3 4

يُعرف ذكر الماعز باسم "التيس"، أنثاه "العنزة"، وصغيرهما "الجدي".

1 ارسم شكل كمثرى للرأس، وشكلًا بيضويًا للجسم. وارسم دوائر صغيرة للحوافر. ثم ارسم خطوطًا للرقبة والذيل والقوائم.

2 ارسم القرنين والأذنين والأنف والفم والرقبة والجسم والذيل والقوائم.

③ ارسم العينين وتفاصيل الذيل والقوائم. ثم امحُ الخطوط غير الضرورية (المحدَّدة باللون الأحمر).

④ ارسم الحاجبين وخطوطًا للحوافر، وظلِّل حدقتي العينين.

الآن، لوِّن ما رسمته بعناية.

اختبار حول الحيوانات

الخطوة ① ② ③ ④

1. ما الحيوان صاحب أطول خرطوم؟

2. ما الحيوان الذي يعدُّ أفضل صديق للإنسان؟

3. ما الحيوان صاحب الزعانف الذي يحبُّ الأطفال؟

4. ما الحيوان الذي يحبُّ شرب الحليب؟

5. ما الحيوان الذي يقلِّد الإنسان؟

6. ما الحيوان الذي يحبُّ أكل الجزر والملفوف؟

7. ما الحيوان الذي لديه عينان كبيرتان وذيل كثيف؟

8. ما الحيوان الذي يحبُّ أكل الجُبن؟

9. ما هو صاحب الدائرتين لسوداوين حول عينيه؟

10. ما الحيوان الذي ينام طوال الشتاء تقريبًا؟

11. ما الحيوان الذي يعيش في الزُمر؟

12. ما الحيوان الذي يعطينا الصوف؟

13. ما هو أطول حيوان؟

14. ما الحيوان المخطّط الذي يأكل اللحم؟

15. ما الحيوان الذي يُطلق على صغيره اسم "الجدي"؟